PAROLES

DE

MGR L'ÉVÊQUE D'ORLÉANS

AUX FUNÉRAILLES DE BERRYER

7 DÉCEMBRE 1868

PARIS

CHARLES DOUNIOL, LIBRAIRE-ÉDITEUR,

29, RUE DE TOURNON, 29.

—

1868

PAROLES

DE

MGR L'ÉVÊQUE D'ORLÉANS

AUX FUNÉRAILLES DE BERRYER

Mgr l'évêque d'Orléans se proposait de prononcer quelques paroles sur la tombe de M. Berryer. Mais, l'immense concours des assistants ayant retardé beaucoup la cérémonie, Mgr Dupanloup, dans la crainte de la trop prolonger, a cru devoir renoncer à parler. Nous sommes heureux de pouvoir publier ce qu'il avait dessein de dire :

Je ne vous retiendrai pas longtemps, Messieurs, j'apporte sur cette tombe des prières, et non des paroles : ce cercueil d'où semble s'échapper encore l'écho d'une si grande voix, ces grands arbres dépouillés, ce soleil voilé, qui conviennent si bien à la cérémonie qui nous rassemble, cette assemblée même, ce sanctuaire, ce concours inaccoutumé dans cette petite église de village, et au loin cette immense acclamation de toute la France, qui dure encore, parlent assez haut.

Je veux donner seulement à celui qui fut mon diocésain et mon ami, en cette heure de la séparation suprême, avec une dernière bénédiction de mon cœur, le dernier adieu de la religion.

Je laisse aux amis, aux compagnons, aux rivaux de gloire, aux adversaires même, la consolation de redire ce que fut cette riche et grande nature, cette haute intelligence; la noblesse, la générosité de ce cœur; cette incomparable éloquence; cette âme si étrangère à l'envie, si prompte à l'admiration, si tendre à l'amitié; et aussi l'honneur de cette longue carrière, mêlée depuis plus d'un siècle à tous les plus grands débats de notre époque orageuse; quel fut cet homme enfin, athlète si puissant des luttes de la parole, si secourable aux accusés, si fidèle aux vaincus, et qui ne sut être jamais le courtisan que de l'exil et du malheur.

Et voilà pourquoi, Messieurs, il a su conquérir, dans un temps si divisé, des sympathies si profondes et si universelles, et, dans le silence de toutes les rivalités et des passions, des regrets et des hommages si éclatants, que la France entière revendique aujourd'hui sa gloire, et qu'on croirait voir ici, avec l'honneur, la fidélité, l'éloquence en deuil, la patrie décernant les funérailles d'un roi à un de ses plus illustres enfants.

Et voilà pourquoi, Messieurs, venus de tous les points de l'horizon politique, vous êtes autour de cette tombe. Car, comme lui, vous aimez la France : ah ! elle nous est chère à tous, nous donnerions tous pour elle mille vies comme une goutte d'eau ! Et la religion est heureuse de vous voir tous réunis comme vous l'êtes en ce moment, sur ce terrain commun de l'amour du pays, dans l'hommage pieux et dans l'admiration pour ce grand serviteur de la France.

Quel nom il laissera parmi nous ! Sa place est fixée à jamais à côté des princes de la parole humaine, de ces grands et rares orateurs de la tribune et du barreau dont le souvenir reste immortel ; et pour moi, je ne puis me défendre, même en ce moment, de le revoir dans les triomphes de sa pathétique éloquence, ni oublier l'éclair, les foudres et les tendresses de sa parole, lorsque, même vaincu par le vote, il arrachait à toute une grande assemblée des cris d'admiration et des pleurs ; je l'ai vu.

Mais non, laissons ces souvenirs de gloire. O mon excellent et illustre ami, je ne veux plus rien voir en vous, comme le disait autrefois Bossuet à Condé, de ce que la mort efface. Vous resterez dans ma mémoire tel que vous fûtes sous la main de Dieu, pendant ces quinze jours où l'on vous vit face à face avec la mort, et où, devant la claire vue de l'éternité, oubliant tout, la tribune, la gloire, les applaudissements, pas un seul écho ne s'en est retrouvé, ni dans votre âme, ni sur vos lèvres.

Non, jamais un *Nunc dimittis* ne fut dit avec plus de force, plus de sérénité, de détachement et de confiance en Dieu !

De détachement ! Ah ! pourtant il n'était pas détaché de tout ! Grand fut le sacrifice. « Mon cher Nélaton, faites-moi vivre, afin que je puisse voir le bonheur de la France ! »

Hélas ! le moment était venu, où les hommes, la science, l'affection, le dévoûment, ne pouvaient plus rien. Ainsi, pauvres mortels que nous sommes, génie, gloire, fortune, plaisir, amitiés, douceurs de la vie, tout s'évanouit irrésistiblement entre nos mains, et nous nous trouvons seuls, seuls ! entre le monde qui s'enfuit et l'éternité qui vient. Heureux qui, comme celui que nous pleurons, n'a pas attendu la dernière heure pour sentir le néant des choses, et se retourner vers Dieu, du milieu des triomphes ou des brisements de la vie, et qui d'avance a pu graver sur sa tombe ces mots, que vous pouvez lire sur la sienne, ces mots de la grande humilité chrétienne et de l'immortelle espérance : *Expecto, donec veniat immutatio mea !* Il avait tout, il voulait mieux encore.

Ah ! Seigneur, si vous tenez compte, aux hommes qui vivent dans les temps difficiles, de leur bonne volonté, de leurs efforts, de leurs secrètes aspirations, pour faire arriver jusqu'à eux, au jour de votre miséricorde, ce rayon qui éclaire tout, combien plus pèseront à vos yeux, devant votre bonté, à travers les fragilités de l'existence, les retours courageux d'une foi sincère.

Du berceau à la tombe, des Oratoriens de Juilly, qui élevèrent son enfance, jusqu'au P. de Ravignan, dont sa main mourante cherchait l'image et le chapelet, sur sa couche, à côté de son crucifix, et jusqu'à celui qui remplaça ce saint ami près de son âme défaillante, et avec qui il voulut chanter, d'une voix ferme encore, le *Salve regina*, élevant un si doux regard vers le ciel à ce mot : *ô Clemens, ô Pia, ô dulcis Virgo Maria!* la foi chrétienne, en ce siècle où les colonnes elles-mêmes sont tombées, n'avait jamais défailli en lui.

Je l'ai vu dans sa jeunesse, à côté de Chateaubriand ; à côté aussi de l'éloquent et malheureux auteur de l'*Essai sur l'Indifférence*, et bientôt après, augurant le premier la vocation de ce jeune et brillant avocat, qui depuis fut le P. Lacordaire ; et quant à lui, si le barreau et la tribune ravirent à la chaire sa grande voix, combien de fois devant les juges, comment pourrais-je l'oublier? et dans nos plus solennels débats politiques, cette voix puissante a retenti pour la liberté de l'Église, pour la liberté des Ordres religieux et de l'enseignement, pour les droits du Saint-Siége, pour le clergé, pour la confession même, pour toutes les causes chères à la religion ! Eh bien, ô mon ami, l'Église n'est pas ingrate, et elle vous remercie par ma bouche, elle vous bénit, dans votre cercueil.

Et c'est ainsi, Messieurs, que la religion, dont il fut le défenseur, devait être à son tour, en ce moment où tout échappe, où tout homme a besoin d'être défendu, l'avocate de cet incomparable avocat. Disons, Messieurs, que Dieu n'oublie jamais ce qu'on a fait pour son Église : il fut juste et bon, en lui donnant l'admirable fin chrétienne que vous connaissez. Il était plein encore de toutes les nobles ardeurs de sa vie, lorsque tout à coup le danger de la mort lui apparut. « Je ne me trompe pas sur votre réponse, dit-il à son loyal et dévoué médecin ; je vous en remercie..... Que la volonté de Dieu soit faite ! » Et aussitôt, sans transition, sans regrets, sans un seul retour sur lui-même, il se prépara à paraître devant le seul Juge qui l'ait jamais intimidé. On eût dit que sa main, toujours ferme, tirait un voile sur le monde et s'efforçait de lever le voile de l'éternité. Il purifia son âme, et l'arma du pain des forts, en recevant une dernière fois le Dieu de sa première communion. Puis il voulut venir dans cette chère retraite d'Augerville, comme il le faisait à la veille des grandes affaires, près de ce sanctuaire où il avait placé l'image de saint Louis, dont il aimait la race, et gravé cette grande parole : *Credidi*, *propter quod locutus sum;* Ma conviction a fait mon éloquence. Puis, il écrivit cette lettre, à demi effacée par ses larmes, qui fut le dernier élan de son âme, l'immortel adieu d'une inviolable fidélité, et qui restera dans l'histoire, testament d'une grandeur et d'une émotion suprême.

Et son Dieu, son roi, sa famille, ayant tour à tour reçu ses derniers devoirs, il se mit, avec une simplicité profonde, qui était tout lui-même, à assister et à présider à sa mort. Il ne parla plus que très-peu, et ses moindres mots étaient toujours nobles et doux. « O mon ami, dit-il à celui qui était accouru de loin et ne le quitta plus, j'ai de bien grandes grâces à rendre à Dieu. Maintenant je suis tout en calme »; et lui serrant la main entre les deux siennes : « Et en amitié. » Et quelques temps après : « Je vous remercie de rester là pour le grand moment. » Puis à son petit fils : « Travaille..... sois quelque chose par toi-même..... aime Dieu..... et rends ta mère heureuse. » Et enfin : « O mon Dieu! je remets mon âme entre vos mains! » Et après ce dernier cri de sa foi religieuse, un dernier cri de sa conviction politique. Ainsi il est mort, simple et grand comme toujours, affectueux et bon, laissant échapper des mots d'une exquise tendresse, ou les accents d'une foi sublime; confiant au Dieu qui a dit : « Je suis la résurrection et la « vie; celui qui croit en moi, fût-il mort, vivra à jamais. »

Oui, vous vivrez, j'en atteste la bonté de Dieu, vous vivrez au sein de son éternelle miséricorde, dans cette gloire plus haute qui ne passe pas ; et nous prions sur votre tombe avec une ineffable espérance.

Messieurs, laissez-moi vous le dire, beaucoup d'entre vous parcourent, et avec éclat aussi, cette grande et périlleuse carrière de la vie publique : puisse un tel exemple n'être pas perdu pour vous, et faire sentir à tous le bienfait de la foi, le grand besoin de Dieu qui est au fond de nos âmes, et la suprême consolation des espérances éternelles.

Une dernière parole, messieurs.... On élève aux hommes illustres des monuments. Je ne sais, s'il sera possible d'en élever à notre ami un qui soit digne de lui. Mais déjà son buste appartient au barreau de Paris, auquel il l'a légué ; et il sera bien placé dans le palais de la justice, au pied du portrait de son père, entre la sainte Chapelle, et la salle des conférences de ce barreau français, de cet ordre des avocats si brillant et si courageux, dont il était le modèle et la gloire. En voyant cette belle tête, cette majesté souriante, en demandant à leurs anciens quel était ce puissant orateur, les jeunes gens apprendront le culte de l'éloquence, du dévoûment, de l'honneur et de l'intégrité.

Sa tombe, déjà préparée, près de cette petite église, perpétuera le souvenir de cette journée, où tous les dissentiments furent oubliés devant une belle âme, où le deuil d'une famille devint le deuil d'un pays. Cet humble monument marquera la place où les habitants de ce hameau aimaient à voir ce noble vieillard découvrir sa tête blanchie, et incliner son front, son talent, son passé, sa gloire, devant cette Église catholique, si faible et si forte, victorieuse du temps et de la mort, qui change les doutes en certitudes, les fautes en repentirs, les douleurs en espérances, et qui, même devant les froides pierres de la tombe, s'écrie : *Elevamini, portæ æternæles; Ouvrez-vous, portes éternelles !*

www.ingramcontent.com/pod-product-compliance
Lightning Source LLC
Chambersburg PA
CBHW070437080426
42450CB00031B/2695